ALLOCUTION

PRONONCÉE

AU MARIAGE

DE

M. le Comte de GAIGNERON

AVEC

Mlle AGNÈS DE GONTAUT-BIRON

En l'église

Sᵗ-PIERRE DU GROS-CAILLOU

Le 25 Octobre 1886

PAR

Mgr D'HULST

Vicaire général de Paris

Recteur de l'Institut catholique.

ALLOCUTION

PRONONCÉE

AU MARIAGE

DE

M. le Comte de GAIGNERON

AVEC

Mlle AGNÈS DE GONTAUT-BIRON

En l'église

St-PIERRE DU GROS-CAILLOU

Le 25 Octobre 1886

PAR

MGR D'HULST

Vicaire général de Paris
Recteur de l'Institut catholique.

Monsieur,

Mademoiselle,

C'est un étrange composé que la nature humaine et pour s'en rendre compte il faut connaître le secret de son origine et de sa destinée. Les contrastes en effet qui se rencontrent dans l'homme ne tiennent pas seulement à cette union mystérieuse, mais naturelle, qui rapproche dans l'unité d'un même sujet deux éléments aussi disparates que le sont la matière et l'esprit. Il y a d'autres obscurités encore en nous, d'autres contradictions, que l'analyse philosophique est impuissante à résoudre. Ce sont celles qui tiennent à l'opposition de nos désirs.

Ainsi l'on dira que l'homme est égoïste et l'on aura raison, car tout être vivant attire à soi ce qui l'entoure, pour se fortifier et se défendre contre le besoin, contre la mort ; toute vie est un centre qui rapporte à soi tout le reste. Et la puissance de cette attraction grandit avec la dignité de l'être ; l'homme donc, parce qu'il est au sommet de l'échelle des vivants dans cet univers visible, doit nécessairement posséder, avec une vie plus intense et plus centralisée, un égoïsme plus fort et plus impérieux.

Mais alors d'où vient que cet égoïsme, qui est la loi de son être, apparaît en même temps comme un désordre moral, comme une difformité de son âme ? D'où vient que lui-même en rougit et le dissimule, tandis que ses semblables le lui repprochent, tout en l'imitant ? Voilà une première contradiction.

En voici une seconde. Cet égoïste veut tout attirer à lui, apparemment pour compléter son bonheur. Eh bien ! Ce procédé ne lui réussit pas, et il en découvre aussitôt l'insuffisance. Mais une autre tendance se fait jour au fond de son être moral et c'est par là qu'il va s'achever lui-même : je veux parler de la tendance à se donner. Certes rien n'est plus contraire à l'égoïsme. On voit le vivant sortir de lui-même, ramasser ses trésors naturels pour les emporter avec soi et les prodiguer à autrui. Chose merveilleuse : dans ce mouvement qui semble destructeur, la vie trouve sa plénitude, car c'est l'amour qui donne et qu'est-ce que la vie sans l'amour ?

Eh bien ! la doctrine chrétienne nous apporte le mot de cette double énigme.

D'abord l'égoïsme n'est la loi du vivant que dans les rangs inférieurs de la création, là où règne l'inconscience. La raison en est que toute créature est, par essence, subordonnée et ne peut être la fin de rien. Tandis que le vivant rapporte à lui ce qui l'environne, lui-même est entraîné dans la révolution des choses et devient à son tour un moyen à l'égard d'une fin plus noble, jusqu'à ce que de relations en relations on remonte à cette finalité absolue et souveraine que rien n'appuie et qui, se soutenant elle-même, donne une raison d'être à tout le reste.

Mais s'il suffit à la créature sans raison de chercher elle-même son bien et d'être appliquée par autrui à un bien supérieur, cela ne convient plus à la dignité de l'homme. Avec la conscience de sa destinée il a reçu l'intimation d'un devoir, celui de l'accepter et d'y travailler librement. Par là même qu'il se sent vassal, il n'a pas le droit d'agir en souverain. Si l'égoïsme demeure la loi de son être physique, sa nature morale connaît une autre loi : elle doit chercher la fin suprême et s'y subordonner elle-même en sacrifiant les excès de ses désirs.

L'homme qui méconnaît cette obligation, usurpe sur la prérogative de Dieu, il tend à devenir le Dieu de ce monde ; et c'est le désordre monstrueux caché dans cette tendance que la conscience humaine, par une sorte d'instinct vengeur, flétrit et condamne sous le nom d'égoïsme.

Ainsi se résout la première antinomie. Et voici, d'après l'enseignement chrétien, l'explication de la seconde. Cet homme, qui a en commun avec les animaux la vie des sens, a en privilège la vie de l'âme. La première de ces deux vies, la plus basse, est celle dont l'égoïsme sert les instincts ; la seconde est trop haute pour se contenter de ce que la terre peut lui donner ; il lui faut la vérité pour nourrir sa pensée, le bien pour fixer sa volonté la beauté infinie pour défrayer son amour. Or, à moins d'être Dieu, nul ne trouve tout cela en soi-même et voilà pourquoi le mouvement de la vie qui, chez l'être inférieur, se termine à l'égoïsme, dans l'homme reprend du dedans au dehors un élan nouveau ; voilà pourquoi l'être moral sort de lui-même et s'en va, prodigue et indigent tout ensemble, chercher où se répandre pour donner et pour recevoir.

Où s'arrêtera ce voyageur ? S'il veut la satisfaction complète, il ne s'arrêtera qu'en Dieu, car tout ce qui n'est pas l'infini est plus petit que ses désirs. Mais tant qu'il chemine ici-bas, au pays des ombres, trop de voiles lui cachent encore la face du souverain bien ; il est réduit à en chercher les images dispersées dans la création. Où en trouvera-t-il une plus belle et plus saisissante que dans la créature qui lui est semblable, qui partage ses aspirations et tend comme lui à monter jusqu'à Dieu ? Voilà pourquoi l'amour créé, quand il respecte la loi divine, est digne d'occuper le cœur de l'homme. On voit alors le bonheur s'ébaucher ici-bas par l'échange des affections et la commune orientation des désirs. L'amour des époux a deux regards : l'un est tourné vers la terre où il embrasse, par delà ces deux vies qui fuient ensemble, d'autres existences en qui elles s'épanchent pour continuer la lignée des enfants de Dieu ; l'autre regard perce le rideau de la mort et se fixe d'avance là où l'on peut aimer toujours.

Telle est la grandeur du mariage chrétien. Le monde n'a pas le secret d'élever ainsi et de consacrer les choses. Qu'est-ce pour lui que le mariage ? Tantôt une passion, tantôt une affaire, souvent une convenance, un rôle joué sur la scène et qui n'occupe pas les acteurs beaucoup plus longtemps que les témoins. S'étonnera-t-on après cela des tristes suites d'une action si grave accomplie avec tant de frivolité? On n'avait rêvé que plaisir, ou caprice, ou indépendance ; on trouve le devoir, l'assujettissement, le sacrifice ; on trouve toutes ces choses sans l'affection qui les adoucirait, sans la vertu qui saurait les faire aimer. Alors on traîne le mariage comme une chaîne. Moins on en respecte les obligations, plus on les trouve pesantes ; jusqu'à ce que viennent à passer les sophistes qui persuaderont aisément à de tels époux qu'il est bon à l'homme de séparer ce que Dieu avait uni.

Tous les deux, grâces au ciel, vous avez compris autrement le mariage. Vous apportez à cette union, Monsieur, un esprit mûri par l'expérience, un cœur assoupli au dévouement. Vous serez pour celle qui vous confie sa jeunesse, ce que l'homme doit être pour la femme, le chef, le guide, l'ami autorisé qui fraie la voie, qui aide à y marcher et qui trouve à son tour dans une affection douce et dévouée une source de courage et de reconfort.

Ces derniers mots, Mademoiselle, disent tout le rôle qui va devenir le vôtre : pour le comprendre ainsi, vous n'aurez qu'à regarder dans votre cœur où vivent deux ineffaçables figures : l'une est faite de charme et de grâce,

de bonté pour les hommes, d'ardente piété
envers Dieu : c'est l'image de cette mère ab-
sente qu'à peine votre enfance a connue, mais
dont vous pouvez mesurer le mérite à la pro-
fondeur, à la constance de nos regrets. L'autre est celle qui sourit aujourd'hui à votre
bonheur après avoir tout fait pour le préparer.
Près de cette seconde mère vous avez appris
d'avance les grandes leçons de la vie. Vous
savez, pour en avoir recueilli le bienfait, ce
que c'est qu'une affection fidèle qui ne connaît pas l'oubli et qui, après avoir embelli les
années heureuses, ouvre sur une existence
désolée les sources généreuses du dévouement.

Et maintenant la parole vous est laissée à
tous deux ; parole créatrice, qui s'échange de
l'époux à l'épouse sous le regard de Dieu fon-
dateur du mariage, en présence du prêtre qui
en est le témoin ; parole toute pénétrée de la
vertu divine, verbe sacramentel, qui produit

ce qu'il exprime et assure la dignité du mariage en l'élevant au-dessus des conditions précaires qui président à tous les contrats humains.

Epoux chrétiens, allez jusqu'au bout de cette donation sainte qui livre vos deux vies l'une à l'autre. Puisque le mariage représente une forme divinement autorisée de cette noble tendance qui proteste en nous contre l'égoïsme, ne laissez place dans votre union à aucun de ces sentiments étroits par où notre nature confine aux créatures inférieures. Cherchez toujours à monter plus haut, élevez-vous l'un l'autre par une continuelle provocation à la vertu. Certes le champ est vaste et le travail ne fait pas défaut au courage. Sans doute il n'est pas donné à toute vie d'homme de rencontrer de ces occasions illustres où le prestige du rang fraie la voie au mérite, où l'intelligence éclaire le dévouement, où, choisi en un jour de deuil pour représenter, à défaut de

la puissance brisée, du moins la dignité de
la patrie, l'homme privé s'élève tout d'un
coup à la hauteur des plus difficiles fonctions
et sait sauvegarder à la fois l'honneur national
et la paix entre les peuples. Mais à côté de
ces grands souvenirs qui sont pour vous,
Mademoiselle, qui deviennent pour vous,
Monsieur, des souvenirs domestiques, il y a
place pour d'autres façons, plus modestes,
non moins utiles, de travailler au bien public.
Ce qui manque surtout à notre pays ce sont
des foyers chrétiens. Où sont les familles
qui, dans les rangs élevés de la société, don-
nent aux envieux et aux mécontents d'en bas
les exemples propres à décourager la haine
et à réveiller les bons désirs? Je vois partout
l'idolâtrie du plaisir, la fureur du luxe, le
besoin de richesse à tout prix, l'amusement
devenu la grande affaire et le devoir allégé
de tout ce qui comporte la gêne. La morale
ainsi comprise ne supporte guère le contrôle

d'une religion véritable. On en veut une pourtant, ne serait-ce que pour se distinguer d'adversaires qu'on méprise et dont on oublie de se faire respecter. On demande alors aux lois chrétiennes de se plier à de singulières exigences et l'on pardonne difficilement à l'Église si elle refuse de sanctionner ces étranges compromis. Et nos ennemis, qui ne craignent rien tant que la rencontre du vrai christianisme, applaudissent ironiquement à ce travestissement de l'Évangile.

Voyez-vous maintenant la beauté de la tâche qui vous est montrée ? Dans le recueillement de la vie privée, travailler chacun pour sa part à reconstituer les mœurs, les traditions de la famille telles que la civilisation chrétienne les avait formées; rendre au foyer sa dignité, à l'union conjugale son intimité, à l'autorité sa force ; remplacer dans l'obéissance la contrainte par le respect, donner l'exemple de la simplicité dans les habitudes, de la modération dans les désirs, opposer à la défiance égoïste qui sépare les classes, la charité qui les rapproche ; faire le bien autour de soi avec suite et méthode, comme qui plante un arbre et l'arrose, avec l'espoir que dans l'avenir il donnera son fruit : voilà quelques traits du tableau qu'il vous appartient de reproduire si vous voulez féconder par vos œuvres la grâce qui descend aujourd'hui sur votre bonheur.

Que la bénédiction divine en soit pour vous le gage et que par delà les joies toujours fugitives, souvent mêlées, de la vie présente, elle vous assure la possession des biens éternels !

12158. — PARIS T. LEVÉ, IMP. DE L'ARCHEVÊCHÉ, RUE CASSETTE, 17.